AF595719

DECLARATION DE MONSIEVR L'EVESQVE DE L'AVAVR,

Touchant vne Lettre ſuppoſée par luy eſcrite à N.S. Pere le Pape: & preſentée à Meſſeigneurs de l'Aſſemblée du Clergé de France.

Auec la veritable Lettre qu'il luy a enuoyee, & la Reſponce tres-fauorable & tres-auantageuſe qu'il a pleu à ſa Sainteté de luy enuoyer.

A PARIS,
Chez LOVIS BOVLANGER, ruë ſainct Iacques, deuant ſainct Yues, à l'Image ſainct Louis.

M. DC. XLVI.
AVEC PRIVILEGE DV ROY.

Lettre dudit sieur Euesque à Monseigneur le Prince, touchant la susdite Declaration.

MONSEIGNEVR,

La cognoissance que i'ay auec toute la France, de la singuliere pieté & du grand zele de V. A. pour tous les interests de la Religion & de l'Eglise, qui luy donne non seulement de l'auersion, mais de l'indignation & de l'horreur de toutes les nouueautez qui la combattent, m'a fait prendre la hardiesse de luy communiquer ce petit escrit, qui est vne declaration que ie faits estat de donner au public, touchant vne certaine lettre escrite à nostre S. Pere le Pape, dont on a pretendu me rendre Autheur ; & cela à dessein d'estouffer l'esclat du bref si honorable & si auantageux à la cause que ie deffends, qu'il a pleu à sa Sainteté de m'enuoyer, pour responce à la veritable Lettre que ie m'estois donné l'honneur de luy escrire, & que i'auois accompagnée de quelques propositions tres-

mauuaises & tres-dangereuses, extraites du Liure de la Frequente Communion, ensemble des ouurages que i'ay composez contre les nouuelles doctrines du feu Abbé de Sainct Cyran & de ses disciples. V. A. excusera bien, ie m'assure, cette liberté que ie me donne de luy faire voir mes petits trauaux, & de luy communiquer mes desseins, puis que par vn zele tout à fait sainct & religieux elle s'interesse si fort en la cause dont i'ay entrepris la deffence: puis que c'est vn tesmoignage visible de la haute estime que ie fais de sa pieté & de son grand esprit: & finalement puis que c'est vn gage de la tres-humble seruitude, & tres-fidelle obeissance que ie luy ay voüée, & de la passion que i'ay que toute la terre cognoisse que ie suis ce que ie publieray iusqu'au tombeau,

MONSEIGNEVR,

Vostre tres-humble, tres-obeïssant, & tres-obligé seruiteur, DE RACONIS, Euesque de l'Auaur.

DECLARATION DE MONSIEVR l'Euesque de l'Auaur, touchant vne Lettre supposée par luy escrite à nostre S. Pere le Pape, & presentée à Messeigneurs de l'Assemblée du Clergé de France, auec la veritable Lettre qu'il luy a enuoyée, & la Responce tres-fauorable & tres-auantageuse qu'il a pleu à sa Sainteté de luy faire.

VN des Titres que le Fils de Dieu prend venant au monde, c'est d'estre la Verité; il est produit dans l'Eternité par l'entendement de son Pere qui a pour objet la verité. La fin de sa venuë au monde, est de rendre tesmoignage à la verité: celle de la mission du sainct Esprit, est d'enseigner la verité, & luy-mesme est aussi appellé par le fils de Dieu Esprit de verité. Les Euesques, dit sainct Paul, doiuent estre Docteurs de verité, & ils ne sont establis dans l'Eglise que pour deffendre la verité.

Pour toutes ces considerations, & de ce que i'ay l'honneur d'estre tout ensemble Enfant, Docteur & Euesque de cette Eglise de verité, ie me suis obligé, apres l'auoir constamment deffenduë depuis tant d'années, de luy rendre encore ce tesmoignage particulier, touchant vne certaine lettre escritte au Pape, dont par vne menée secrette de personnes aussi peu affectionnées à ma personne qu'à la verité, on m'a voulu faire l'Auteur : & ie le rends d'autant plus volontiers qu'en cela ie ne suys pas seulement l'inclination que i'ay tousiours eu de professer la verité, mais que ie satisfaits au desir de Messeigneurs les Prelats de l'Assemblée du Clergé de France, que ie respecte comme ie dois, puis que i'ay l'honneur d'estre du corps du premier Ordre dont il est composé. Voicy donc vne partie des principales choses que i'ay faites contre nos sectes naissantes, & vn sommaire des principaux poincts contenus dans la veritable lettre que ie me suis donné l'honneur d'escrire à sa Sainteté, & que i'adiousteray en suitte de cette Declaration.

Apres trois ans de residence assiduelle dans mon Dioceze, reuenant à Paris pour negocier dans la Cour les affaires de la Prouince de Languedoc, qui m'auoit fait l'honneur de me deputer à cét effet: Il est vray que ie n'auois apporté en ce qui regarde mes occupations personnelles, qu'vn esprit de douceur & de paix, & que ie ne pretendois plus qu'à anter la deuotion dans les cœurs, & non plus à planter la foy dans les esprits ; à donner au public des productions instructiues pour les mœurs & pour la vertu, & non plus des compositions contentieuses pour destruire l'erreur & maintenir la verité. Bref ie m'estois resolu de pendre au croc les armes que i'auois si long-temps maniées contre les ennemis declarez de l'Eglise, pour ne plus trauailler que l'oliue à la main à establir vne bonne paix dans les consciences.

Mais les choses ayant changé de face, durant les trois années de mon absence de Paris, & ne les ayant pas trouuées en mesme estat à mon retour, que ie les auois laiſſées à mon depart; y ayant rencontré de nouueaux appareils de guerre contre l'Eſpouſe du fils de Dieu, qu'on accuſoit d'abus, de deſordre, d'aueuglement eſpouuentable, & de fauoriſer l'impenitence generale de tous les hommes; & remarqué des ſectes toutes nouuelles, dont à peine i'auois ouy nommer les Auteurs, qui s'eſtoient neantmoins rendus ſi fameux en ce peu d'années, que par tout ie n'entendois reſonner à mes aureilles que les noms de Ianſenius, de Sainct Cyran, d'Arnault, & d'autres partiſans de cette cabale nouuellement ſouſleuée contre l'Egliſe, & qu'on ne m'entretenoit que des grandes machines qu'ils auoient dreſſées; le premier, dans ſon liure intitulé, *Auguſtinus*; le ſecond, dans celuy de *la Frequente Communion*, publié ſous le nom du ſieur Arnault ſon diſciple, pour eſcrouler & renuerſer, s'il leur eſtoit poſſible, la colomne de Verité; I'auouë que mes penſées ſe renuerſerent, & que changeant le premier deſſein de paix auec lequel i'eſtois reuenu en France, ie ſentis mon zele s'exciter de nouueau, & cette humeur martiale qui m'auoit mis les armes à la main plus de vingt ans contre nos Miniſtres de France, ſectateurs de Caluin, ſe réchauffer en moy, pour m'oppoſer à ces ſectes naiſſantes, qui ſans auoir declaré la guerre à l'Egliſe ne laiſſoient pas de la luy faire tres-dangereuſement, ſoit en fortifiant le party chancellant & abbatu de ſes ennemis deſcouuerts, dedans les principales & plus odieuſes maximes de leur hereſie; comme a fait Ianſenius, au fait de la predeſtination, de la grace, & du franc-arbitre; ſoit en luy faiſant de nouuelles playes, & l'attaquant par des endroits dont elle ne ſe prenoit pas garde: par exemple, trauaillant à aneantir le Sacrement de Penitence, pour le reduire à vne ſimple ceremonie qui ſe pratiquoit anciennement en la penitence publique, de mettre en penitence, & d'en retirer ; & abolir l'vſage de communion de l'Euchariſtie ſous pretexte d'en faire reſpecter la grandeur : Ce qu'a fait le feu Abbé de Sainct Cyran en ſon liure de la Frequente Communion.

En ce rencontre ie balançay quelque temps dans ma reſolution, & deſcouurant par tout vne neceſſité preſſante de ſecourir l'Egliſe, ie ſongeois quel expedient ie trouuerois, qui fut le plus preſent & le plus aſſeuré.

Voyant le mal qui ſe fortifioit à veuë d'œil, ie creus qu'il y alloit de mon zele de ne point retarder à m'y oppoſer, & que le venin ſe gliſſant inſenſiblement & largement dans les eſprits de toute ſorte de conditions & de ſexes, que ie deuois ſans differer y apporter le remede neceſſaire, & employer ma plume à faire voir que ce que Ianſenius appelloit Excellence de la grace de Ieſus Chriſt, eſtoit vne pure oppreſſion de la liberté qu'il nous auoit laiſſee pour operer noſtre ſalut auec merite, en cooperant à ſa grace ; & que ces grands reſpects & ces diſpoſitions ſi exquiſes, que Sainct Cyran repreſentoit auec tant d'exaggeration dedans ſon liure de la Frequente Communion, pour la Communion, n'auoient autre but que d'en interdire l'vſage à tout le monde, leur faiſant craindre de n'y eſtre pas ſuffiſamment diſpoſez, & ainſi les priuer de tous les auantages de graces qui ſe retirent de la participation de ce ſacrement Adorable.

Contre le premier i'auois deſia compoſé trois ou quatre traittez aſſez conſiderables ; le premier de l'Eſtat de la nature pure, que Ianſenius & ſes diſciples voudroient bien faire croire auoir eſté impoſſible à celuy

meſme,

mesme, qui peut absolument tout ce qu'il veut, & infiniment encore au de là de ce qu'il veut; le second, de la necessité de la grace; le troisiesme, de l'accord du franc-arbitre auec la grace aux actions qui seruent au salut, la liberté faisant le merite, & la grace l'esleuant & le rendant surnaturel, afin que la gloire qui en est la recompense, soit tout ensemble *vne Couronne de misericorde*, comme Dauid la nomme, à cause de la grace, & *vne Couronne de iustice*, comme sainct Paul l'appelle, à raison de la libre coöperation de la volonté à la grace; le dernier, de l'estenduë de la charité du Sauueur qui a voulu mourir pour tous les hommes, comme l'Escriture l'enseigne en tant d'endroits si clairement, & que sainct Paul entre tous les Escriuains sacrez, l'exprime auec des termes si puissans & si efficaces, qu'en trois lignes il declare trois fois cette verité: *La charité, dit-il, de Iesus-Christ nous presse, pesant cecy, que s'il est mort pour tous, il falloit que tous fussent morts, & que Iesus-Christ est mort pour tous, afin que tous ceux qui viuent, ne viuent plus pour eux mesmes, mais pour celuy qui est mort & qui est ressuscité pour eux.*

I'auois ces quatre traitez tous prests de mettre sous la presse pour les donner au public, lors que la Bulle du feu Pape Vrbain VIII. d'heureuse memoire arriua, laquelle confirmant la condamnation qui auoit esté prononcée par deux de ses predecesseurs Pie V. & Gregoire XIII. contre ces odieuses propositions, en la personne de Baius, nous imposoit silence aux vns & aux autres, iusques à ce qu'il en eust autrement ordonné.

Obeïssant comme ie dois, & comme i'ay fait vn vœu immuable de le faire tres-religieusement, au successeur de sainct Pierre; i'arrestay l'ardeur de mon zele, & renfermay dedans mon cabinet ces quatre Ouurages, ausquels i'estois sur le poinct de donner le iour, en attendant qu'vne nouuelle permission me mist en liberté de leur faire voir la lumiere.

Mais ie ne demeuray pas pour cela les bras croisez, ny la main engourdie, ie tournay mes desseins à renuerser d'autres efforts que ie n'estimois pas moins dangereux, ny moins preiudiciables à l'Eglise: Ie me mis à combatre le feu Abbé de Sainct Cyran & ses disciples, & à refuter deux ouurages qu'ils auoient donnez au public, & qui causoient de grandes diuisions dans les esprits, & de grands troubles dedans les consciences; le Liure de *la Frequente Communion*, & celuy *de la Tradition de l'Eglise*, tous deux publiez sous le nom du sieur Arnault. Ie fis contre le premier vn Volume de prés de six vingts feuilles, où ie rangay par ordre & en diuers Chapitres les principaux manquemens que i'auois remarquez dans cét ouurage, des desguisemens malicieux de la doctrine d'vn escrit anonyme que son Auteur auoit entrepris de refuter; des impostures & calomnies visibles & honteuses; des maximes tres-dangereuses & qui alloient à l'euersion du Sacrement de Penitence, & au retranchement de la Communion de l'Eucharistie, force propositions temeraires, erronées, scandaleuses & iniurieuses à l'Eglise, auec des corruptions insignes des passages des Peres, en toutes les mesmes manieres que Caluin & ses Ministres ont corrompu les passages de l'Escriture, par addition, retranchement & alteration des sens, toutes lesquelles accusations, i'ay si fortement iustifiées, que les quarante testes n'en faisant qu'vne des Disciples du feu Abbé de Sainct Cyran, & leurs quarante plumes qu'on a dit estre taillées de la main d'vn mesme Maistre, n'ont pû trouuer dans leurs magazins dequoy se deffendre contre des conuictions si euidentes, tout leur effort s'estant reduit à deux choses ; la premiere, à soustenir vne seule de cent propositions que i'ay blasmées dans le liure de la Frequente Communion ; sçauoir, que le premier Chef de l'Eglise estoit composé de deux, de S. Pierre & de S. Paul, ce que i'ay combatu du depuis si plainement, que ie n'estime pas, nonobstant leurs grandes & magnifiques promesses, qu'ils se mettent en deuoir d'y repartir en gens d'honneur. La seconde, à se purger de cette accusation particuliere dont ie les auois conuaincus, touchant la corruption des passages des Peres ; & ce dernier si foiblement, qu'il ne m'a fallu que quinze matinées pour le descouurir, & qui est demeuré vn an entier sans repartie, au bout duquel ie viens presentement d'apprendre qu'ils se sont resueillez, & que laissans sans responce les gros ouurages où i'ay sappé les fondemens de tous leurs nouueaux dogmes, ils se sont aduisez de publier contre ce liuret, non pas vne replique pour se iustifier des crimes dont ie les ay conuaincus, mais vn fagot d'iniures & d'inuectiues outrageuses au charactere dont ie suis honoré, & par consequent plus propre à faire de la cendre, qu'à estre destruit par vne serieuse refutation.

Au second liure de la tradition de l'Eglise du sieur Arnault, i'ay opposé vn second Volume de pareille grosseur que le premier, sous ce titre, *Continuation des Examens de la doctrine de S. Cyran & sa Cabale* ; où apres auoir destrompé les Lecteurs de la croyance que ce Docteur tasche perpetuellement de leur donner dans ses escrits, que la doctrine du liure de la Frequente Communion soit approuuée par tous les Euesques de France, & les Docteurs de la Faculté de Paris, & leur auoir fait voir, qu'il y auoit Euesques pour seize, & deux cens Docteurs pour vingt, auec tous les Religieux de tous les Ordres qui la condamnent: apres auoir monstré l'inutilité de l'employ qu'il a fait de quelques passages traduits en nostre langue, pour dissuader la frequente Communion, luy en auoir opposé innombrables autres qui en termes expres la recommandent aux fideles, & auoir deduit plusieurs autres choses tres-importantes; pour la faire fais connoistre plus euidemment que le iour, que l'adoucissement que le sieur Arnauld a voulu donner dans la Preface de ce dernier liure, à quelques propositions tres-rudes du premier, en estoient des pures & veritables retractations qui ne pouuoient point empescher que le liure où elles estoient contenuës ne fust condamné, & ses propositions notées des qualitez qu'elles meritent, loüant en suitte la charité & la prudence de Messieurs les Euesques approbateurs, d'auoir par la lettre qu'ils escriuirent au feu Pape Vrbain VIII. de glorieuse memoire, ouuert le chemin aux Autheurs de toutes ces nouueautez de faire cesser les troubles & les diuisions que l'Edition de ce liure de la Frequente Communion auoit fait naistre si à contretemps, condamnant auec nous les propositions contraires à celles qu'ils tesmoignent auoir approuuées dans ce liure, sçauoir *qu'il fust absolument necessaire de differer l'absolution iusqu'à l'accomplissement de la penitence: qu'il fust à propos de restablir la penitence publique des Anciens: que le Prestre ne fist que declarer la remission des pechez accordée de Dieu aux pecheurs penitens auant leur absolution, & que proprement & sans equiuoque il ne leur conferast point, & qu'enfin qu'en fin l'Eglise fust corruptible en ses mœurs.* Lesquelles propositions ces dignes Prelats tesmoignent assez condamner, puis qu'ils protestent n'auoir donné leur approbation à ce liure, qu'en tant qu'il contenoit des propositions toutes contraires, lesquelles ils couchent distinctement dedans leur lettre, & que i'ay rapportées de mot à mot dans celle que ie me suis donné l'honneur d'escrire à sa Sainteté, & à laquelle elle a daigné me faire vne responce si fauorable & si honorable, que ie n'ay pas sujet de me repentir de la liberté que i'ay prise de luy escrire ; qui est le second expedient que i'ay pris comme le plus court, & le plus asseuré pour sortir bien-tost de nos contentions ; sçauoir d'imiter le respect que tant de grands Euesques ont rendu au Successeur de S. Pierre, en la personne duquel ils ont creu reuerer la Majesté de ce Prince des Apostres, en recourant à son Siege sacré qu'il a receu de sainct Pierre, comme luy l'auoit receu de Iesus-Christ, le droit d'infallibilité en la foy, & celuy de confirmer ses freres selon les propres paroles de Iesus-Christ en l'Euangile. A cet effet ie luy ay escrit sur la fin du mois d'Aoust, ou vers le commencement de Septembre de l'année passée, vne lettre assez ample, où ie luy rends raison de toutes mes intentions, & de tout ce que i'ay dit & escrit pour combattre ces nouueaux dogmes qui produisoient de si grandes diuisions dans les esprits, & de si grands troubles dans les consciences : & tout ensemble luy ay enuoyé vne liste de quelqnes-vnes des plus remarquables propositions que i'ay tirées du liure de la Frequente Communion, & que i'ay iugé meriter la censure, pour en demander le iugement de sa Sainteté, auec protestation de m'y arrester, & de m'y soumettre auec toute sorte de respect & d'humilité.

Voila la lettre que ie reconnois pour mienne, & dont ie garde l'original escrit de ma propre main en François, comme ie l'auois premierement couchée, que ie m'oblige de soustenir par tout le monde, non seulement deuant Messeigneurs de l'Assemblée de nostre Clergé de France, mais à la face de tout vn Concile si l'occasion s'en presentoit, & que ie n'estime pas aussi qu'aucun entreprenne de blasmer, ayant receu de sa Sainteté vn tesmoignage d'approbation si honorable, & si estendu, qu'il la fait passer mesme sur mes ouurages que ie luy auois enuoyé auec ma lettre.

Pour cet'autre qu'on m'a asseuré auoir esté presentée à l'Assemblée de Messeigneurs les Prelats, dont on pretend me faire Auteur; ie declare franchement, parce qu'il est en effet veritable, que ie ne la reconnois point du tout pour mienne, que mon esprit ne l'a iamais conceuë, que ma main ne l'a iamais escrite, ny ma bouche dictée à qui que ce soit au monde, qu'elle ne se trouuera escrite ny de ma main, ny de celle de mon Secretaire.

Mais parce que i'ay aisement remarqué par le grand bruit qu'a fait desia cette lettre, que c'est vn artifice des ennemis que i'ay combattus en mes ouurages, qui se reconnoissans impuissans de se deffendre les armes à la main en gens de cœur, par des voyes iustes & honorables, taschent de me tendre des pieges & de m'obliger à poser les armes, dont ils ne peuuent plus supporter l'esclat & l'effort, s'imaginans qu'ils m'embarasseront en ma responce touchant la reconnoissance de cette lettre: c'est à dire, que si ie l'auouë, ils pourront auec quelque couleur de raison me blasmer d'auoir vsé de termes si aigres & si desobligeans contre mes Confreres; & que si au contraire ie la desauoüé, ils prendront de là occasion de dire (comme ils ont desia fait) que ie condamne maintenant vne lettre que i'auois escritte à sa Sainteté, laquelle improuue & condamne les doctrines du liure de Iansenius & de celuy de la Frequente Communion, que i'auois cy-deuant si expressément & si fortement condamnée par mes escrits; ayant desia facilement remarqué le dessein de ces ennemis cachez, qui n'osent plus paroistre ny se nommer, Dieu m'a fait la grace auec la mesme facilité de l'eluder, comme celuy d'Achitopher contre Dauid, rendant ainsi que ie le dois vn tesmoignage à la verité, & neantmoins ne manquant pas à la defense de l'Eglise qui m'a mis les armes à la main contre l'erreur.

Ie dis donc, ou plustost ie le repete, afin que personne n'ayt lieu de douter ny de me calomnier, que ie ne suis point l'Auteur de la lettre qui se publie, & (comme il y a grande apparence) par mes ennemis sous mon nom.

I'adiouste en second lieu qu'en cette lettre, de quelque Auteur qu'elle puisse estre, i'y considere deux choses, l'vne qui est comme la matiere, & l'autre comme la forme, la matiere est ce qu'elle contient, sçauoir l'improbation & la condamnation des doctrines du liure de Iansenius, & de celuy de la Frequente Communion, & par la forme i'entens les termes & les expressions auec lesquelles elle est couchée.

Pour le premier il seroit inutile de m'expliquer maintenant, parce que ie me suis assez ouuert par mes ouurages precedents, & que i'ay fait suffisamment connoistre à tout le monde, que ie n'improuue pas seulement, mais que ie condamne & combats de toute ma puissance, le liure de Iansenius, celuy de la Frequente Communion, & autres de la mesme cabale qui sont venus en consequence, comme enseignans des doctrines, non seulement nouuelles & contraires aux enseignemens communs, & aux vsages ordinaires de l'Eglise depuis tant de siecles; mais comme tres-dangereuses, temeraires, beaucoup mesmes erronées & scandaleuses, ainsi que ie l'ay iustifié si pleinement dans mes liures qui sont demeurez sans responce, que ie n'estime pas estre obligé de m'y arrester dauantage. Voila pour ce qui est de la matiere de cette lettre, que ie ne puis pas condamner, en ce qu'elle n'improuue & ne condamne que les mesmes choses que i'ay improuuées & condamnées dans mes propres ouurages.

Mais pour ce qui est de la forme, c'est à dire, des termes & des expressions qui en quelques endroits pourroient estre vn peu trop aigres & moins respectueux qui ne doiuent estre à la dignité des Euesques, que ie suis obligé de reuerer, puis que i'ay l'honneur d'y participer; ie declare franchement & clairement, non seulement que ie ne les ay iamais conceus dans ma pensée, ny exprimez par ma plume; mais de plus que ie les blasme absolument, comme contraires à la moderation que i'ay tousiours tasché de garder en combattant vne doctrine que quelques Euesques ont approuuée, & au respect que ie veux rendre toute ma vie au caractere, puis que, selon sainct Cyprian, *L'Episcopat estant vn dont vne portion est possedée par chaque Euesque solidairement*, l'iniure qui se fait à l'vn d'eux reiaillit en quelque sorte sur tous les autres.

I'estime qu'ils demeureront satisfaits de cette veritable & ingenüe Declaration que ie leur faits des sentimens respectueux de mon cœur pour leur charactere & mesme pour leurs personnes, & ainsi que sans abandonner la cause

de

de l'Eglise &le combat que i'ay entrepris contre les ennemis qui la trauaillent, en cette seule action i'auray rendu vn pur & sincere tesmoignage à la verité, & satisfait au desir que i'ay tousiours eu de leur plaire en tout, pourueu que ce soit sans preiudice de la deffence que i'ay entreprise de la verité.

Ie veux de plus me promettre de leur iustice, que comme ils me voyent si Religieux à condamner de simples paroles dans vne lettre que faussement on m'attribuë pour n'estre pas assez respectueuses à la dignité des Euesques, ils ne seront pas moins zelez à faire condamner non vne lettre supposée & secrette, mais des liures exposez au public, & dont on connoit assez les Auteurs, quoy qu'ils se cachent, pour contenir des termes si outrageux & si sanglants contre deux Euesques de leurs confreres, Monsieur de Vabre & moy, qu'il n'y a aucun veritable enfant de l'Eglise qui les puisse lire sans en auoir horreur, & en detester les Auteurs, & faire vn iugement tres desauantageux de leur doctrine, qui ne passera iamais pour Orthodoxe & vertablement Chrestienne, ne partant point de l'Esprit de Iesus-Christ, qui n'est que douceur & que benignité, mais de celuy qui est si souuent nommé calomniateur & pere de mensonge, dans l'Escriture.

Lettre de Monſeigneur le Prince, pour Reſponce à la precedente de mondit ſieur l'Eueſque de l'Auaur.

MONSIEVR,

I'ay receu auec ioye la lettre qu'il vous a pleu de m'eſcrire, ie me ſens tres-indigne des loüanges que vous me donnez par icelle, & ay eſté en doute ſi ie deuois entreprendre de vous reſpondre, n'eſtant pas Theologien, ny doüé de doctrine ſuffiſante pour me meſler de matieres qui ſurpaſſent & ma profeſſion & ma capacité; neantmoins i'ay rompu ces conſiderations, puis que ie crois à l'Egliſe, que les perſonnes de ma condition facent voir en public leurs ſentimens; I'ay donc tracé ces lignes, pour ne rien oublier de mon deuoir & affection pour les veritez Catholiques, & de reſpect enuers vn ſi digne Prelat qui m'a fait la faueur de m'addreſſer ſes penſées.

Dieu soit benist de ne nous auoit pas liurez sans deffenseur, aux dents venimeuses des nouateurs, & accusateers de l'Eglise de Dieu, Vous estes suscité, comme vray & bon Euesque qui veille sur le troupeau de Iesus Christ, pour soustenir l'ancienne doctrine contre ceux qui se separent de la forme de seruir Dieu, & affectent une publique difference de la vie commune des Catholiques.

La vraye penitence sort du cœur, conuertissant le pecheur, & le faisant retourner au Createur par œuures dignes de repentance; & vraye contrition, tant plus elle est parfaite, tant plus elle est loüable, mais il suffit à salut de l'attrition auec l'absolution du Prestre, pour estre fait enfant de Dieu, & remis en sa grace, par vne vraye confession, ie n'oste pas la satisfaction, mais i'estime l'obeïssance au Confesseur, auec vn Pater, ou vn Aue, (s'il iuge cela suffisant) aussi capable de nous iustifier, que des actions plus seueres d'vne penitence publique; nostre iustification ne sera iamais meritee par les œuures de la Loy, mais par l'application du merite de Jesus-Christ, l'obeïssance à l'Eglise, par l'vsage des Sacremeus, & par l'execution de la penitence enioінte (petite ou grande) pourueu qu'en tant qu'en nous est, nostre cœur se donne à Dieu; & tesmoigne sa resolution par amendemens de vie, & par la soumission aux clefs de S. Pierre; & par le Jugement du Prestre tenant la place de

Dieu, & de Iuge dans son Confessionnal.

Nous voyons clairement vos sainctes intentions par vostre Declaration, & par vostre lettre au Pape, la responce duquel vous sert d'approbation authentique & de confusion à ceux qui fauorisent les nouueautez. Pour moy ie loüe vostre zele, & admire vostre escrit, & vostre veritable lettre à sa Sainteté, & rends graces à Dieu de la fauorable responce qu'elle vous a faite: Ie suis resolu de demeurer ferme dans la vraye doctrine de l'Eglise Catholique, dans la veneration du S. Concile de Trente, & dans l'execration de tout schisme, & separation de l'vsage ordinaire receu en l'Eglise, qui ne peut errer, ny en sa creance, ny en sa discipline: Ie cherche Dieu en l'assemblee des Saincts dans les Eglises, dans les formes ordinaires, receuës par tous les Chrestiens & Catholiques; ie ne le recherche ny dans les deserts, ny dans les cabinets, ny dans les assemblees illicites & particulieres, ny dans les penitences publiques, que ie n'approuue que dans l'obeïssance aux vrays Pasteurs, quand ils l'ordonnent, non dans des apparences exterieures de sainteté, & de desir d'estre veus du monde, comme des Saincts, separez des vsages communs vrays Pharisiens du siecle. Prenez courage, Dieu vous assistera, & reprimera bien-tost si rudement ces nouateurs, qu'ils changeront leur apparente penitence en vne vraye repentance d'auoir fauorisé des doctrines separees, dangereuses, & nouuelles; C'est mon esperance,

&

& finis en ſuppliant noſtre Seigneur de vous aſsiſter de ſon Eſprit principal, & vous donner force ſuffiſante contre ſes ennemis, pour moy ie vous aſſeure de mon entiere affection, & que ie ſeray à iamais,

MONSIEVR,

De Paris le 17.
Mars 1646.

Voſtre tres-affectionné à vous ſeruir,

HENRY DE BOVRBON.

SANCTISSIME PATER.

POst annos omnino tres assiduè in excolenda Diœcesi positos, Lutetiam aliquando sum grauissimis negotiis Regiam in aulam euocatus. Nulla me nisi pacis agebant consilia, quippe tum temporis totus à polemicis distractus stylo vtebar pacatiore; adeo nihil contentiosum & pugnax, sed suauia & amica meditabar omnia; neque mens alia erat, quam occupare si quid esset otij, edendis moralibus quibusdam & Theologicis operibus, quæ à me fuerant non ad vindicandam fidem, sed ad pietatem promouendam, neque ad sternendos hostes vllos, sed ad fratrum & domesticorum fidei animos pro virili adiuuandos elaborata. Verùm alia hic mihi rerum facies, quam quæ sperabatur obiecit se se, nouique bellorum aduersus Ecclesiam apparatus, animum nihil huiuscemodi suspicantem aspectu primo terruerunt.

Magnus vbique ac frequens sermo de suborientibus sectis, quæ veteres non minus senio quam aduersis præliis fractas, fatiscentesque adeo & omnibus irrisas quâdam virium accessione corroborant verberantur aures meæ perpetuò famosis, Ianseniij, San-Cyrani, Arnaldi nominibus: infinitæ ex circulis omnibus quæstiones de Jansenistarum, Cyranistarum, Arnaldistarumque placitis, qui conspiranti consensu veritatis columnam euertere, instaurare alienissima veterum hæreticorum dogmata, & detestabilem illam scientiam quæ inuictis Religionis armis compressa & coercita fuerat, reducere, quam violentis, quam firmis impetibus conituntur.

Quam acerbum animo dolorem ex hac perturbatione rerum & præsentibus Ecclesiæ periculis cæpi, tam incensis studiis excitari in me sensi ardorem, qui me olim ad propugnandam aduersus apertos professosque hostes Ecclesiam inflammarat. Tum enimvero eadem mihi arma resumenda duxi, quibus nouatores istos aggrederer, eiusmodi hostes hoc certè periculosiores quod tegant se hactenus & dissimulant, dumque Catholicos videri se volunt; moliuntur tamen Ecclesiæ Catholicæ firmamenta conuellere, eiusque ritus probatissimos & laudatissimas consuetudines, abusus, perturbationis, corruptelæque condemnant.

His ardoribus meis nouas quoque faces addiderunt adhortationes, precesque assiduæ spectatissimorum hominum, quos premebat, vrgebatque religionis amor, neque sinebat absque mœrore animi summo hæc factionum pericula contemplari.

Principio consilia mea laboresque meos aduersus Jansenium contuleram, quem antistitem & signiferum nouitas ista sequitur, veneratur & prope consecrat. Et vero non ita iniquum videbatur & malè compositum certamen, cum & Episcopi essemus ambo & Doctores, & de ijs dimicaturi in quibus diu multumque versati vterque fueramus. Iamque opera elaborauetam nonnulla quibus hominis istius errores conuincerem. Paratum erat volumen vnum de Statu puræ naturæ, quem ille ut impoßibilem explodit; alterum de gratiæ neceßitate, tertium de eiusdem cum libero arbitrio concordia, de gratia sufficiente, nihil erat propius quam vt ea in lucem ederem, cum felicis memoriæ Vrbanus VIII sanctitatis vestræ prædecessor, confirmata censura quæ à Pio V. & Greg. XIII. aduersus antiquiorem, sed eiusmodi ingenij doctrinæque dogmatistam, lata fuerat, tamdiu silentium nobis imposuit, dum statutum aliquod aliud super ea re fuisset.

Quæ res certamini quidem attulit finem, facere autem ardori meo nullum potuit. Alterum quippe animaduertebam alia ex parte grassantem in Ecclesiæ castra periculosum hostem eoque metuendum magis quo eius lues Ianseniana tectior occultiorque gliscebat. Is erat Abbas San-Cyranus audax dum viueret atque præfidens nouorum dogmatum fabricator. Librum ille multorum annorum spatio elaborauerat, ediderat que sub Antonij Arnaldi discipuli

cipuli sui nomine & Gallico quidem idiomate, vt eo latius superet venenum illud quo pluribus imbecillioribusque familiare esset ac domesticum.

Posui quatuor non amplius menses in opere illo legendo primum & examinando, tam acerrime confutando, producendisque propositionibus quinquaginta periculosissimis temerario erroris & scandali plenissimis, vt nihil in præsenti commemorem de fraudibus, de calumniis, de corruptis Patrum testimoniis, & eo plane modo corruptis quo sacris litteris solet à Caluinistarum ministris illudi.

Primum hunc laborem excepit alter non minor, volumen scilicet foliis constans centum & viginti, neque ampliori tempore lucubratum quod à me idcirco susceptum atque confectum est, vt confutarem volumen, alterum quod editum ab Antonio Arnaldo eo consilio fuerat, vt priores errores si qua posset arte & dissimulatione tegeret, seque Censura Apostolicæ fulminibus subduceret quæ satis intelligebat vitari à se non posse, si præcisè & prout in libro iacebant propositiones ex animi subiectæ penderentur

Hoc altero in opere cauillationem Retudi quâ autor libri de Frequenti Communione pluribus illuserat, opinionem videlicet suam Cleri Gallicani facultatis Theologiæ Parisiensis doctrinam esse, sic enim importunis precibus extorta suffragia, ab

Episcopis quindecim vel sedecim, à viginti Doctoribus emendicata testimonia nominabat, vt docui cautum atque etiam amplius Gallicarum Episcopos eidem reclamasse, Theologos plures ducentis, sexcentosque Religiosos illam improbasse, quasi Tridentinis afflatam fulminibus, & aduersariam Ecclesiæ moribus. Quos ante sexcentos annos à maioribus obseruatos esse non audet Arnaldus inficiari. Quibus anteponere amicorum aliquot Elogia, ab ijs concedi solita qui opus non discusserint, aut auctoris eruditioni nimium confisi siue alio acuratiori examine suscripserint, hominis esset in vsu communi rudis atque peregrini.

Exinde probaui ab eo non stare Patres, quorum testimonia promiscuè & parum apte contexuit, & Gallicè edidit veluti causæ suæ fundamenta. Tum ostendi tergiuersationes omnes quibus aliud volumen de Traditionibus Ecclesias tuis interpolauit Arnaldus, & amicas interpretationes quibus aliqui ex Præsulibus libri approbatoribus propositiones sua charitate periculosas atque duriores emollire conati sunt per librum de Frequenti Communione sparsas, reuocationes esse meras & apertas, ac proinde auctorem nequaquam protegere aduersus Ecclesiæ fulmina quibus errores & hæreses percelli solent. Quapropter componi aliomodo non posse controuersias nostras, nisi quo exortæ aliàs S. Augu-

ſtinum inter atque Pelagium compreſſa ſunt. Propoſitiones enim ſuas Pelagius, homo vafer, & callidus, multa verborum ambage ad veritatis aliquam imaginem non reuocarat modo, ſed planè damnauerat, & quaſi alienum fœtum atque ſuppoſitium proſcripſerat. Quare ab Epiſcopis quatuordecim Dioſpolim conuocatis cum laude remiſſus erat, vt ipſe fatetur S. Auguſtinus lib. de Geſtis Pelagij, vbi & addit quæ in rem præſentem omnino cadunt. Pelagius abſolutus eſt, fides eius probata, ſed liber emandandus; *nempe alias expoſitiones ac retractationes exceptæ quidem fuerunt, ſed propoſitiones, illis retractationibus contrariæ quas olim obſtruſerat, palam damnatæ ſunt, quin & ille ipſe omnium Princeps eas anathematizauit, vt demonſtraui pluribus in Epilogo voluminis ſecundi Examinum libri de Frequenti Communione. Vnam igitur illam dirimendæ litis viam propono, quam iſte concitauit liber, approbatus ſcil. à Sede Pontificiâ, vt quidam ex illius fautoribus ſic imprudenter mentiti ſunt quaſi verò, illic error patronum nactus eſſet, vbi ſemper vindicem timuit, & hic gloriari poſſet, ſe locum inueniſſe, vbi nocet Cathedram ſtare veritatis, vnde liber erroribus fœtus non plus gratiæ quam mendacium ſperare debet.*

Nonnulli ex Galliæ Præſulibus quorum Patrocinio fretus in lucem exijt non minus prudenter quam Beneuole libri huius auctoribus atque fautoribus semitam induarunt per quam redirent in viam Regiam ex priuatis opinionibus & prauis ad veram sanamque doctrinam reuerterentur, quando literis ad Sedem Apostolicam datis aperuerunt quod non dixisset ille liber, sed quod loqui debuisset.

1. Absolutionem (inquiunt) non debere semper, sed aliquando posse differri tuetur.

2. Eandem (scilicet absolutionem) non declarare modo remissum esse peccatum, sed & peccati remissionem operari docet.

3. Veterum pœnitentiæ agendæ consuetudinem Pontificium, Patrum, Conciliorum, auctoritate firmatam non omnibus indicit, sed solis sua sponte pœnitentibus proponit.

4. Ipsam Ecclesiam (quæ quia Christi caput est de spiritu Christi viuit) ab ipso perpetuam in continua temporum vicissitudine vnitatem & inuiolabilem in præscribendis tùm fidei tum morum ac disciplinæ regulis infallibilitatem tandem sponte ac vltrò profitetur.

Quatuor propositiones illas duntaxat Illustrissimi Præsules in libro de Frequenti Communione se probasse & laudasse contendunt, ad quas omnia inconstanter & temerè dicta, piè reuocare volunt, neque abnuit Arnaldus, qui sibi librum illum arrogat,

arrogat, luet inuitus, sed loquendi modis in quibus minus fuci plus candoris sapientes optarent.

Ad hæc quid dicam nisi quod superius attigi centum Episcopos Cleri Gallicani, ducentos Doctores Facultatis Parisiensis, sexcentos Religiosos, omnes denique synceros fidei Catholicæ professores, emendatis istis per optimos Præsules præpositionibus subscripturos. Ea tamen lege vt ijdem Præsules æqui bonique consulant reliqua damnari quæ probatis à se laudatisque propositionibus aduersantur. Nulla habita libri, nulla auctoris quantumuis gratiosi ratione; is vnus occurrit terminandæ controuersiæ modus, quem in altero volumine proposui, & quem repudiabit nemo, nisi qui negotium istud ex gratia potius quam ex ratione metiatur, sed quoniam facile non est propositiones Illustrissimorum Episcoporum cum Arnaldi doctrina componere, quæ quantum inter se pugnant satis ostendimus videre volentibus longiori tempore, sanandi sunt qui sibi oculos effoderunt, atque interea pestiferæ doctrinæ serpit lues, & ad praxim communemque vsum reuocatæ propositiones periculosæ multis in locis, multorum animos turbant aut inficiunt. Et vt iudicaui, exemplo maiorum ad S. V. confugere, & Apostolicæ Sedis

Iudicium exposcere, cuius est non tantum credenda proponere, sed etiam vel emendare mores, vel eosdem approbare.

Innocentius primus cuius se non minus æmulam quam nominis hæredem exhibet S. V. Sanctum Augustinum & Alisium laudat quod ab illa sede in dubijs, lumen expeterent. Et quid aliud Decretales, quam effata Summorum Pontificium atque responsa ad quæstiones quibus Petri successor, ex omnibus terræ partibus interpellatur.

Idem sanctitatis vestræ præcibus affusi postulamus, quod Ecclesiæ pax, tranquillitas animorum, pietas ipsa flagitant, videlicet vt statuat quid probandum quid reijciendum sit in ijs propositionibus, quæ Gallorum omnium animos, omnis conditionis atque sexus, non sine charitatis labe destruxerunt; quot verba proferet totidem fundet Oracula, in quibus veritatis fontem, Spiritum sanctum venerabimur, & acquiescemus tanquam in sancti Petri sententia, fratres suos in fide quæ nunquam deficiet confirmantis. Interim S. V. ex bonorum omnium voto, in commune Ecclesiæ bonum ac fœlicitatem multos annos ad precari, diuque orbi vniuerso vt incolumem seruet, sanctis sacrificijs apud Deum contendere non desinam.

S. V.

Humillimus & obsequentissimus seruus, DE RACONIS, E. Vaurensis.

Datum Lutetiæ 13. Septemb. 1645.

Catalogus propositionum quarum iudicium expectatur ab Apostolica Sede.

3. p. cap. 11. VTrum per susceptionem sacramenti Eucharistiæ honor Deo non deferatur.

Pref. pag. 13. Vtrum dici possit ab Orthodoxo ac quouis sanæ, fidei, consuetudinem Ecclesiæ & praxim vbique receptam in dispensandis pœnitentiæ ac Eucharistiæ sacramentis, fauere generali omnium impœnitentiæ.

Ibid. p. 25. Vtrum sanctus Petrus & sanctus Paulus duo fuerint Ecclesiæ capita, ex quibus vnum tantum conflaretur.

Ibid. An propriè S. Petrus & S. Paulus in numero pœnitentiam reponendi aut dici possit, in ijs veram pœnitentiæ publicę imaginem adumbrari, S. Petrum quod peccasset mortaliter sacrificio crucis interesse minus ausum, cum D. Ioanne, S. Paulum secessisse in Arabiam suscepto iam Baptismo & Apostolatu, & pœnitentiam ageret de peccatis quę ante Baptismum commiserat.

Pref. 132. Vtrum omnis Episcopi sint successores Cœlestis Principatus quem tradidit Deus Apostolis in vniuersum orbem.

Pref. pag. 63 An Sacerdos quilibet includat in se eminenter totam Ecclesiam.

2. part. cap. 7. 29. 30. Vtrum præcipuum munus Sacerdotalis ad ligandum potestatis sit ex Patrum sensu, addicere Pœnitentiæ & ab Eucharistiæ communione segregare.

Vtrum

Vtrum sanum hoc dogma sit, pœnas & satisfactiones (vt vocant) externas tantas esse posse, tam continuas, & tam æquabiles, vt internum dolorem suppleant. 2. part. cap. 33. p. 521.

Vtrum asseri possit ex veræ Theologiæ ac doctrinæ Catholicæ sensu Deo magis satisfieri eo pudore qui ex separatione à corpore Christi enascitur, quam ailis quibuscumque operibus que non sunt cum isto pudore coniuncta. Preface p. 34. & 35.

Vtrum postremis his temporibus Ecclesia corrupta sit & defecerit quoad mores ac disciplinam. Pref. 107.

Vtrum confessio peccatorum in Ecclesia, tota antiquitate aut vsurpata, aut spectata non fuerit, iusi vt medicina ad imponendam pœnitentiam, quam sibi tanquam finem proximum proponeret Sacerdos, in audiendis confessionibus, nulla habita ratione absolutionis sacramentalis. art. 2. cap. 30. p. 499

Vtrum [a] vsus antiquus Pœnitentiæ aut sit aut fuerit æque immobilis ac spiritus Dei, qui eam inspirauit; an [b] præcepti Christi, non verò politiæ Ecclesiasticæ, an [c] Relationem essentialem habeat ad ipsammet Sacramenti substantiam; quæ [d] mutationi minus obnoxia est: an [e] hæc praxis originalis Apostolorum ac totius Ecclesiæ dicenda, quam nunquam mutauerit, nec vero immutare possit, ni desinat esse columna veritatis. [a] 2. part. cap. 18. [b] ibid. cap. 8. [c] Preface p. 13. [d] 2. part. cap. 8. [e] Pref. 6. 8. & 2. parte chap. 47.

An dogma fidei sit, aut traditionis Ecclesiasticæ numquam impertiendam esse absolutionem pœnitenti, nec vero Sacerdotem id legitime posse, nisi prius peracta pœnitentia. 2. part. cap. 8. in titulo cap. & per totum cap. præf. p. 287. cap. 11. 18.

Vtrum Sacerdos eos tantum pœnitentes debet absoluere, quos nouerit iam à Deo absolutos, ez merito satisfactionis anteactæ, & operum pœnitentiæ, adeoque potestas absoluendi in Sacerdote non sit remissiua peccati, 2. part. cap. 11. & 30.

ſed tantum declaratiua remiſſi per internum dolorem, aut purgati per opera externa pœnitentiæ.

1. par. cap. 3. p. 19.

Vtrum commodè doceri queat Apoſtolos ab Aſcenſione vſque ad Pentecoſtem perſeueraſſe quidem in Oratione, non autem Euchariſtiam ſuſcepiſſe, quod nimirum nondum ſe ritè diſpoſitos cenſerint, vt cœleſti illo pane reficerent, idque ordinem ipſum ac modum inſinuare quo ſuſcipi ab omnibus oportet Euchariſtiam iuxta legitimum illius vſum.

Pref. pag. 33. lig. 25. & pag. 34.

Vtrum ſimpliciter aut verè etiam magis ſtante præcepto Eccleſiæ de communione annua, abſque auſu temerario dici poſſit nonnullos eſſe qui emerſi à cæno criminum, iis diuinæ gratiæ mouentur afflatibus, & pœnitentiæ ſpiritu tam vehementer impelluntur, vt maximè cuperent dilata etiam ad extremum vel ſpiritum communione, conceptum à ſe de peccatis dolorem teſtari.

2. par. cha 13. pag. 392.

Vtrum quoad ritus diuerſos, variamque rerum multarum praxim ſubinde inductam & potiſſimum impertiendi abſolutionem & communionem verè pœnitentibus, nondum peracta pœnitentia, Eccleſia huius temporis ſecerni, diſtinguiuè non potuerit, ab ea quæ fuit ætate ſancti Cypriani niſi ab hæreticis aut ſine ſacrilegio.

Pref. pag. 41.

Vtrum ſatisfactiones ac pœnitentiæ niſi à ſacerdotibus iniunctæ ſint, ad criminum expiationem non valeant.

2. part. chap. 12.

Vtrum argui poſſit ac vitio verti, quòd poſtremis his ſæculis ab iuſtis æque, ac peccatoribus vſurpatur confeſſio, eique non lethalia tantum, ſed etiam venialia peccata ſubiiciantur, vnde coniici ab Eccleſia non poſſit, quinam ſint emortui.

Pref. p. 41. 2. p. c. 4. p. 250.

Vtrum Chriſtianus qui veram fidem ac veram ſpem habet non committat peccata mortalia.

La meſme Lettre en François.

TRES-SAINCT PERE,

APres trois ans de reſidence dans mon Diœceſe, ayant eſté obligé de faire vn voyage à Paris & en Cour, où ie ne portois qu'vn eſprit de paix, & ne penſois qu'a donner au public quelques ouurages de Moralite & de Theologie que i'auois compoſez pour l'edification des ames & non plus pour la conuerſion des eſprits, ie fus fort ſurpris à mon arriuee, rencontrant des nouueaux appareils de guerre contre l'Egliſe dont ie n'auois point entendu parler. On ne me parle que des ſectes naiſſantes qui trauaillent à fortifier les anciennes, que l'aage & les diuers combats auoient deſia renduës languiſſantes & meſpiſables. Par tout ie n'entends retentir à mes aureilles que le nom de Ianſenius, de S. Cyran, & d'Arnault. On ne m'entretient que des maximes des Ianſeniſtes, des Cyraniſtes, & des Arnaudiſtes, qui ioignent toutes leurs forces enſemble pour eſſayer, mais en vain, de ſbranſler la colomne de verité, faire reuiure les plus odieuſes propoſitions de ſes anciens ennemis, & de re-

ſtablir en ſa pompe cette abominable Hierico que les armes puiſſantes & inuincibles de la verité auoient portée par terre.

A la veuë de tant de confuſions & de malheurs, qui menaçoient l'Egliſe, i'auouë que i'eus le cœur rempli de beaucoup d'amertume, & qu'à meſme temps ie reſſentis ſe reſchauffer en moy ce premier feu, qui m'auoit animé à prendre les armes pour la defence de l'Egliſe contre ſes ennemis declarez & me creus obligé de les reprendre pour repouſſer ceux-cy, que i'ay eſtimé d'autant plus dangereux qu'ils ſont moins deſcouuerts, qu'ils ſont encore dedans ſon ſein, qu'ils combattent ſous ſon enſeigne, & qui faiſants profeſſion d'eſtre Catholiques renuerſent les principales maximes de l'Egliſe Catholique & condamnent ſur practiques plus affermies d'abus & de deſreglement.

A quoy ie feus inuité par quantité de perſonnes de condition fort zelées à l'honneur de l'Egliſe, & qui ne voyoient ces deſordres & ces ſchiſmes qu'auec beaucoup de deſplaiſir.

D'abord i'auois lié la partie contre Ianſenius, qui paſſe pour le chef de tous les autres, & elle me ſembloit aſſez ſortable, d'Eueſque à Eueſque, de Docteur à Docteur, & ſur des matieres où l'vn & l'autre nous eſtions aſſez long-temps exercez, i'auois deſia compoſé quelques traittez pour combattre les erreurs de ſon liure, vn de l'Eſtat de la nature pure, qui contre

toute

toute sorte de raison & de bon sens il reiette comme impossible : vn second de la necessité de la grace contre l'Heresie des Pelagiens & semi Pelagiens qu'impudemment ces nouateurs osent imputer à l'Eglise : vn troisiesme de l'accord de la liberté auec la grace, & vn quatriesme de la grace suffisante offerte à tout le monde en vertu de la mort du Sauueur soufferte pour tout le monde. I'estois sur le poinct de les donner au public, lors que le Pape Vrbain VIII. vostre predecesseur, confirmant la Censure qui auoit desia esté faite par deux autres Papes ses predecesseurs, Pie V. & Gregoire XIII. contre vn plus ancien aussi dogmatiste, mais de mesme esprit, nous imposa silence, iusqu'à ce qu'il en eust autrement ordonné.

Cela arresta bien le combat dans lequel ie m'estois desia meslé fort auant ; mais ne peut arrester l'ardeur qui me poussoit à la defence de l'Eglise attaquée par vn autre costé, & par vn autre ennemy non moins dangereux, mais plus caché ; c'estoit le feu Abbé de sainct Cyran, hardy en se entresprises, & à qui rien ne pouuoit plaire s'il n'estoit hors du commun, qui dans vn Liure qu'il auoit composé en plusieurs années, & mis au iour sous le nom du sieur Arnault son Disciple, en nostre langue Françoise estendoit son venin d'autant plus vniuersellement par la France, qu'il pouuoit passer par les mains & par les yeux de la plus part des François.

En quatre mois ie le leus, ie l'examinay, & exposay en veüe plus de cinquante propositions principales tres-dangereuses, temeraires, erronées, & scandaleuses, sans comprendre les deguisements, les calomnies & les insignes corruptions des passages des Peres en toutes les manieres que les Ministres Caluinistes ont corrompu les passages de l'Escriture.

Ce premier labeur fust suiuy d'vn seõnd de mesme grosseur, c'est à dire de pres de six vingt fueïlles in quarto, & en pareil espace de temps, pour combattre le 2. volume que le sieur Arnault auoit fait publier, pour essayer de pallier les fautes du premier, & de le mettre à couuert de la Censure, qu'il iugeoit bien ne pouuoir pas euiter, si les propositions qu'on y auoit remarquées, estoient examinées nuement, & comme elles estoient couchées dedans le Liure. Dans ce second trauail, qui leur a fermé la bouche pour iamais, ie fais voir que la doctrine du Liure de la Frequente Communion, qu'il tasche de faire passer pour la doctrine du Clergé de France, & de la Faculté de Theologie de Paris, sous pretexte qu'on a surpris, ou engagé par importunité quinze ou seize Euesques & vingt Docteurs de la Faculté de Paris à luy donner l'Approbation, sans peut estre s'estre peu donner tout le loisir qui eust esté requis, non simplement pour le lire, mais pour l'examiner, & sur la bonne opinion qu'ils auoient de l'Autheur; comme il a esté assez ordinaire en ses rencontres: Ie fais voir dis-ie, que la doctrine de ce Liure est rep rouuée par plus de cent Eueſques du Clergé de Franc e, plus de deux cens Docteurs de la Faculté de Theol ogie de Paris, par plus de dix mille Religieux de tous les Ordres, par le Concile de Trente, & par l'vſage de toute l'Egliſe ſix cẽs ans durant, ſelon l'adueu meſme des aduerſaires: & apres auoir fait voir l'inutilité de l'employ qu'ils y ont fait de quelques authoritez traduittes en noſtre langue, ſans ordre, & ſans iugement; pour la fin, & comme le principal, Je fais toucher au doigt & à l'œil, que tous les pretendus eſclairciſſemens du ſieur Arnault en ce 2. Liure de la tradition de l'Egliſe, & tous les adouciſſemens que la charité de Meſſieurs les Prelats approbateurs, s'eſt efforcée de donner aux propoſitions rudes & dangereuſes du Liure de la Frequente Communion; eſtoient autant des retractations euidentes des propoſitions de ce Liure, & que par conſequent ils ne pouuoient pas empeſcher leur cenſure & leur condamnation, employãt ſur la fin pour la compoſition de nos differents, le meſme expedient dont ſe ſeruit ſainct Auguiſtin contre Pelagius, pour faire condamner les erreurs, que cet Hereſiarque n'auoit pas ſeulement deguiſeés par des termes ambigus & equiuoques, mais tout à fait deſauoüées, comme fauſſes & ſuppoſées: ſi bien qu'il feuſt renuoyé abſous, & meſme auec Eloges des quatorze Eueſques qui compoſoient le Concile de Diospole, deuant lequel il auoit eſté accuſé. Pelagius

(escrit sainct Augustin au traitté particulier qu'il composé des choses qui se passerent dãs ce Concile en sa cause) a esté absout, mais son Liure doit estre corrigé, ses explications ou retractions, furent receuës, mais ses propositions qui leur estoient contraires furent condamnées, *& luy-mesme le premier les anathematiza, comme ie l'ay plus amplement declaré en la derniere section du 2. volume de mes Examents du Liure de la Frequente Communion.*

C'est, dis-je, le mesme expedient que ie propose pour sortir de nos contentions, touchant ce Liure de la Frequente Communion, que nous sçauons non seulement n'estre point approuué par le sainct Siege Apostolique, (comme vainement & insolemment quelques-vns des fauteurs de ce Liure l'ont osé publier) mais estre autant impossible qu'il y soit approuué, comme il l'est, que la Chaire de verité approuue le mensonge: Quelques-vns de Messieurs les Prelats approbateurs par vne tres-grande charité accompagnee de beaucoup de prudence, pour le bien de la paix, & pour ouurir le chemin aux Autheurs du schisme de se reünir auec le gros des Catholiques Orthodoxes, en la Lettre qu'ils ont souscrite, addressee au feu Pape Vrbain VIII. vostre predecesseur, declarent ce qu'ils ont entendu approuuer dans ce Liure, sçauoir, que quelquesfois on peut differer l'Absolution iusqu'à l'accomplissement de la Penitence, mais qu'on ne la doit pas differer tousiours. 2. Que l'Absolution du Prestre ne declare pas seulement que le peché est remis, mais qu'elle qu'elle opere aussi la remission du peché, & qu'elle confere la grace. 3. que l'Autheur de ce liure ne pretend point restablir la penitence publique, mais monstrer seulement que ceux qui se portent volontairement auec la grace de Dieu à en pratiquer quelque partie sont plus dignes de loüange que de blasme. 4. que l'Eglise laquelle vit de l'esprit de Iesus-Christ, par ce qu'elle est le corps de Iesus-Christ mesme, tire de luy sa perpetuelle vnité, dãs la continuelle reuolution des temps & son infaillibilité, inuiolable dans les regles qu'elle establit, tant pour ce qui regarde la foy que pour ce qui regarde les mœurs & la discipline.

Ce sont les quatre principales propositions que ces Prelats Illustres ont tesmoigné en leur lettre auoir eu dessein d'approuuer dans le liure de la Frequente Communion, & que le sieur Arnauld, qui se dit l'Autheur de ce liure, semble aucunement ratifier, quoy qu'auec contrainte, & auec moins de candeur & de netteté qu'il ne seroit à desirer.

A quoy ie n'ay rien à dire, sinon que cent Euesques du Clergé de France, qui sont contraires à la doctrine de ce liure, que deux cens Docteurs de la Faculté de Paris qui la condamnent, dix mille Religieux qui la reiettent, & tous les zelez Catholiques qui l'ont en auersion, soubscriront à ces corrections charitables de Messieurs les Prelats Approbateurs: Mais aussi qu'ils les prient tres-humblement de s'vnir auec eux pour condamner les propositions qui se trouueroient contraires à celles qu'ils tesmoignent auoir eu seulement dessein d'approuuer, & consentent qu'elles soient deschirées, ou du moins marquées de nottes qu'elles meritent, de fausseté, d'erreur, de temerité, & de scandale, en quelques liures ou escrits qu'elles se rencontreront. En ce faisant nous voila tous d'accord. C'est le moyen d'accommodement que i'ay ouuert au lieu sus-allegué de mon second volume, & qui ne peut estre raisonnablement reietté.

Neantmoins parce que peut estre cette confrontation des propositious exposées par ces dignes Prelats, auec celles du liure de la Frequente Communion qui leur sont diametralement opposées, comme ie l'ay fait voir plus euidemment que le iour, pourroit estre tirée en trop de longueur, & que cependant le mal continuë, voire s'estend en beaucoup de lieux, où les mauuaises & dangereuses maximes de ce liure se pratiquent, au grand trouble des consciences; I'ay creu deuoir imiter le zele & le respect des grands Euesques qui m'ont precedé, qui est dans les nouueautez qui s'excitent de consulter le Siege Apostolique, & d'attendre son iugement & sa resolution sur les matieres qui viennent en contestation, tant pour ce qui regarde la doctrine de la foy, que ce qui concerne les regles de la practique. Le Pape Innocent, dont vostre Sainctêté a pris le nom aussi bien qu'il en imite la pieté & le zele, loüe sainct Augustin & Alipius d'en auoir vsé de la *ſorte; & la pluſpart des Decretales des Souuerains Pontifes vos predeceſſeurs, ne ſont autre choſes que la reſolution des queſtions qui leur auoient eſté propoſees, quaſi de tous les endroits de la terre.*

C'eſt ce qu'en toute humilité nous coniurons voſtre Sainteté, pour la paix de l'Egliſe & le repos des conſciences, de vouloir faire en ce rencontre; & qu'il luy plaiſe nous declarer à quoy elle veut que nous arreſtions, touchant quelques propoſitions qui cauſent nos inquietudes, & produiſent l'alteration qui paroiſt auiourd'huy dans les eſprits de la pluſpart des François de toute ſorte de conditions & de ſexe. En voicy vn petit Catalogue que i'ay dreſſé, ſur lequel il luy plaira nous donner ſes reſolutions, que nous receurons comme des Oracles du S. Eſprit, pour ne nous en iamais departir, & comme le iugement de S. Pierre qui parle pour confirmer ſes freres, & les affermir en ſa foy, qui n'a eſté iamais defaillante.

Catalogue de certaines propositions sur lesquelles on attend le Iugement du S. Siege Apostolique.

3. partie chap. 11. SI par le sacrifice & la reception du Sacrement de l'Euchariſtie on ne rend point vn grand honneur à Dieu.

preface p. 13. Si l'on peut dire conformement à la doctrine ſaine & orthodoxe, que la pratique la plus commune en l'Egliſe d'adminiſtrer le Sacrement de la Penitence & de l'Euchariſtie, fauoriſe l'inpenitence generalle de tout le monde.

en la meſme p. 25. Si S. Pierre & S. Paul doiuent eſtre mis au nombre des penitens, ſelon les regles canoniques de l'Egliſe: ou s'il ſe peut dire qu'ils ſont vn modelle de la penitence publique: que S. Pierre pour auoir peché mortellement n'oza aſſiſter au ſacrifice de la croix auec S. Iean: que S. Paul s'en alla en Arabie apres ſon Bapteſme & eſtant deſia Apoſtre, pour y faire penitence des pechez qu'il auoit commis deuant ſon Bapteſme.

en la meſme p. 133. Si tous les Eueſques ſont ſucceſſeurs de la Principauté Celeſte que Dieu a donné aux Apoſtres ſur toute la terre.

en la meſme p. 63. Si le ſimple Preſtre contient en ſoy eminemment toute l'Egliſe.

2. part. ch. 31. p. 521. Si les peines & ſatisfactions exterieures peuuent eſtre telles qu'elles ſuppleent le defaut de la douleur interieure.

preface p. 34. & 35. Si on ſatisfaict à Dieu plus par la honte qui naiſt de la ſeparation du corps de Ieſus-Chriſt, que par toute autre ſorte de bonnes œuures qui ne ſont point conioinctes auec ceſte honte.

Si

Si l'Eglise en ces derniers temps est corrompuë, si elle est corruptible en ses mœurs, & si elle est tombée en des abus&en desreglemens espouuentables quand aux mœurs & quand à la discipline. pref.pag.111

Si l'on peut dire asseurement que la Confession qui se pratique en l'Eglise n'a esté considerée dans toute l'antiquité que comme vn moyen pour imposer la penitence, comme la fin prochaine du Prestre entendant la Confession, sans faire aucune mention de l'absolutiõ sacramẽtale. 2.part.ch. 30.p.493.

Si [a] l'vsage ancien de la penitence est aussi immuable que l'esprit de Dieu qui la inspiré: s'il [b] est de l'institutiõ de Iesus Christ & non de police Ecclesiastique; [c] s'il a vne relation essentielle à la propre substance du Sacrement qui n'est point subiecte à changement; [d] si c'est la pratique originaire des Apostres & de toute l'Eglise. Qu'elle n'a iamais changé & mesme ne sçauroit changer qu'elle ne cesse d'estre la colomne de verité. [a] 2.part.ch. 18.pag.453. [b] 2.part.ch. 8.pag.290. [c] pref.p.13. [d] 2.part.ch. 47.pag.628.

Si c'est vn dogme de la foy, ou de tradition Ecclesiastique qu'il ne faille iamais donner l'absolution au penitent, & mesme que le Prestre ne la peut donner legitimement qu'apres la penitence accomplie soit publique si la penitence est publique ou pour des pechez publics, soit secrete si elle est ordonnee pour des pechez secrets. 2.part.ch.8. 11.18.

Si le Prestre doit seulement absoudre ceux qu'il sçait estre desia absous par le merite des œuures de penitence & satisfactoires, ou par le mouuement interieur d'vne parfaicte contrition. Et par consequent si la puissance d'absoudre en vn Prestre n'est point proprement remissiue du peché, mais seulement declaratiue qu'il est remis par la douleur interieure, ou purgé par les œuures exterieures & la penitence. 2.partie ch.11.& 30.

1. parti ch. 3. p. 19. Si l'on peut dire & enseigner auec raison que les Apostres depuis l'Assension iusqu'à la Pentecoste communiquerent bien à la priere, mais non pas à l'Eucharistie parce qu'ils ne s'estimoient pas encore assez preparez pour estre repus de ce pain celeste, & que cela insinuë l'ordre & la maniere auec laquelle l'Eucharistie doit estre receuë de tout le monde selon son legitime vsage.

pref. pag. 33. lig. 25. & pag. 34. Si absolument, mais beaucoup plus supposé le precepte de la communion annuelle, on peut dire sans temerité qu'il y a des ames qui estans sorties de leurs crimes ont de si grands mouuemens de la grace, & sont tellement touchées de l'Esprit de penitence, qu'elles seroient rauies de differer leur communion iusqu'à la fin de leur vie pour tesmoigner la douleur qu'elles ont conceuë de leurs pechez.

2. part. ch. 13. p. 392. Si pour ce qui concerne les vsages differens, & les diuerses pratiques de quantité des choses introduites en l'Eglise en diuers temps, & specialement en ce qui est de donner l'absolution & la communion à ceux qui sont vrayement penitens leur penitence n'estant pas encore accomplie, l'Eglise de ce temps ne peut estre diuisée de celle du temps de S. Cyprien, que par des heretiques, & sans sacrilege.

pref. p. 41. S'il n'y a que les satisfactions & les penitences enioinctes par les Prestres qui ayent le merite pour expier les pechez.

2. part. ch. 11. Si on peut reprendre, & trouuer mauuais qu'en ces dernieres siecles la confession se pratique en l'Eglise, & par les iustes & par les pecheurs, & que non seulement les pechez mortels, mais encore veniels soient soubsmis à la confession, d'où il arriue que l'Eglise ne sçauroit sçauoir ceux qui sont morts selon l'ame.

2. part. ch. p. 250. Si le Chrestien qui a vne vraye foy & vne veritable esperance ne commet point de peché mortel.

Autres propositions fausses & erronees tirees du mesme liure de la Frequente Communion.

SI l'on a deu tourner ces paroles de S. Gregoire, *Nundum senescentem*, l'Eglise en son alteration : comme si l'Eglise, qui proprement est Eglise par la foy, puis que c'est la Congregation des fidelles, eust desia ressenti de l'alteration dés le temps de S. Gregoire. *Preface.*

Si l'on a deu encore tourner ces paroles de S. Bonauenture, *Ecclesia finalis*, qui exprime, ou la derniere Eglise qui sera au monde à l'exclusion de la Synagogue, ou l'Eglise des derniers temps ; par celles-cy, *l'Eglise finissante*, qui semblent iniurieuses à l'Eglise, comme si dés le temps de S. Bonauenture elle eust esté si alterée en sa foy qui la fait Eglise, & en ses vsages ; qu'elle eust esté comme mourante & tendante à sa fin, laquelle selon les promesses de Iesus-Christ doit perseuerer iusqu'à la fin du monde. *1. partie, ch. 2. p. 11.*

Si ce discours est sain, que Dieu qui honore dans l'Eglise son vnité en plusieurs manieres, ne l'honore iamais dauantage, que lors qu'il soustient vn poinct de la doctrine & qu'il restablit vne partie de la discipline de son Eglise par la suffisance & par la vertu d'vn seul, *qu'il rend d'ordinaire aussi vnique dans le don particulier qu'il met en luy, comme il est luy mesme vnique en son essence*. Et si cette comparaison est supportable de l'vnité de l'essence de Dieu incõmunicable à tout autre qu'à Dieu, auec quelqu'autre vnité qu'on puisse imaginer parmy les creatures ; & comme si Dieu ne pouuoit pas communiquer les dons & graces qu'il fait à vn homme particulier, à d'autres s'il luy plaisoit. *pref. p. 83.*

2. partie, ch.4.p.232. Si ceste assertion est veritable & orthodoxe que les Peres n'ayent creu le ministere de l'Eglise necessaire que dans ceste penitence rigoureuse, à laquelle estoit iointe la separation de l'Autel: ce qui exclut l'absolution Iudiciaire & Sacramentale remissiue de la coulpe, & si cela n'est pas directement opposé à ceste deffinition du Concile de Trente sess.14. can. 7. *Si quelqu'vn entreprend de dire que la Confession ne se practiquoit autresfois que pour l'imposition d'vne satisfaction Canonique, qu'il soit anatheme.*

pref.p.25. Si c'est vne proposition correcte, de dire que Iesus-Christ apres son Baptesme se retira au desert pour faire penitence: & qu'en cela il fut imité par S. Paul, qui se retira à mesme dessein en l'Arabie, laissant auec S. Pierre vn modelle de la penitence des Anciens qui se faisoit dans la separation de l'Eglise, & autres austeritez prescrites par les Canons; estant certain que les Autheurs de ces discours entendent que sainct Pierre & sainct Paul ayent fait penitence pour leurs propres pechez, qui est en effet la veritable penitence, en quoy il seroit faux & impie de dire qu'ils eussent eu Iesus pour modele, lors qu'il se retira dans le desert pour y ieusner & estre tenté par le diable, comme l'Escriture le nous marque distinctement.

Responsio

Reſponſio Summi Pontificis ad Litteram pręcedentem Epiſcopi Vaurenſis.

INNOCENTIVS PAPA DECIMVS.

Enerabilis Frater, Salutem & Apoſtolicam benedictionem. Incenſam Catholicæ Veritatis, *ſtudio fraternitatem tuam,* continenter eidem aſſerendæ, *ingenium atque operam adhibere; & ſummopere nos gaudemus, & mirifica illam qua par eſt proſequimur caritate. Etquidem attributæ ſibi cuſtodiæ inuigilare Paſtorem ſcimus, Cuius* ipſum calamum vigilantem videmus. *Gregemque ad æternitatis paſcua deducere perſpectum eſt, quem in terris* Ex diuino Oraculo paſcit ſcientia & doctrina. *Tuas porro literas* religioſæ huiuſce ſollicitudinis *Officijque plenas accepimus, atque vna, quæ ad Nos miſiſti pronuntiata ex Arnaldi de Frequenti Communione libro, vt ſignificaſti excerpta, de quibus à Nobis itidem decerni petis ac rogas. Nos propterea quibus vehementer in Eccleſiæ vnitate Catholicarum mentium conſentio cordi eſt, inſpici diligenter ac perpendi eius libri doctri-*

nam atque effata mandauimus: Quò subortæ eiusdem editione, perturbationes ac discidia *in rem opportune tollantur, animorumque tranquillitati consultum per nos sit, qui consiliandæ in Christiana Republica pacis studio tam sollicite tenemur.* Perennis *à Dei sede sapientia fraternitatis tuæ menti affulgeat, cui nos Apostolicam benedictionem peramanter impertimur. Datum Romæ apud Sanctam Mariam Maiorem sub annulo Piscatoris die vigesima secunda Octobris anno millesimo sexcentesimo quadragesimo quinto, Pontificatus nostri anno secundo.*

Gaspar De Simeonibus.

Et sur le repli,

Venerabili Fratri Episcopo Vaurensi.

Bref de sa Saincteté, pour responce à la Lettre precedente, & qui sert d'Approbation aux ouurages que ledit sieur Euesque de l'Auaur luy auoit enuoyée auec sa Lettre.

INNOCENT PP. X.

NOstre Venerable Frere, Salut & Benediction Apostolique, Nous receuons beaucoup de ioye de ce que vostre Fraternité, *bruslant du zele de la verité chatholique*, employe son esprit & son trauail auec assiduité *pour la maintenir*; & comme il est tres iuste, cela nous donne pour vous des inclinations extraordinaires d'affection & de charité. Et certes nous reconnoissons qu'vn Pasteur, dont nous voyons mesmes *que la plume veille*, a infailliblement les yeux ouuerts pour s'acquitter des fonctions de sa charge: Et on ne peut douter qu'il ne meine droit dans les pasturages de l'eternité le troupeau, qu'il repaist en terre d'vne science, & *d'vne doctrine puisée des oracles diuins.* Nous auons aussi receu vos lettres pleines de tesmoignages de ce *soing & deuoir religieux*, & ensemble les propositions que vous nous auez enuoyées, & qui sont tirées, selon que vous nous auez faict entendre, du Liure d'Arnaud de la Frequente Cõmunion, sur lesquelles vous nous requerez & suppliez que nous donnions nostre iugement definitif. Nous à ces causes ayant fort à cœur l'vnion des esprits Catholiques en l'vnité de l'Eglise, auons commandé que l'on vist, & examinast diligemment la doctrine, & les maximes de ce liure, affin que l on ostast effectiuemẽt & au temps propre à terminer vne telle affaire *les troubles & les dissentions que l'edition de cet ouurage a fait naistre*, & à ce que nous qui auons tant d'ardeur & de soing pour mettre la paix dans la republique Chrestienne, peussions aussi pouruoir à remettre les ames dans la tranquillité. Que la Sagesse qui part du thrône de Dieu, *continuë à faire éclatter ses rayons dans l'esprit de vôtre Fraternité*, à laquelle nous donnons tres-affectueusement la Benediction Apolique. Faict à Rome sous l'annean du Pescheur à S. Marie Maieur le XXII. iour d'Octobre M. DC. XLV. la deuxiéme annee de nostre Pontificat. *Signé* Gaspard de Simeonibus, *& sur le repli*, A nôtre Venerable Frere l'Euesque de l'Auaur.

Encore que l'original de ce BREF *ait esté veu d'assez grand nombre de personnes de condition & de merite, tres dignes de foy, pour n'estre pas reuoqué en doute; neantmoins ledit sieur Euesque de l'Auaur ne laisse pas de le conseruer, pour le faire voir à tous ceux qui en auront le desir & la curiosité. Il luy fut apporté par Monseigneur l'Euesque de Vabre, en sa Chambre où il estoit detenu malade, & luy l'auoit receu de Monseigneur le Nonce. Ce* BREF *ne marque pas moins expressement l'auersion de sa Sainctete, pour toutes les nouueautez contenües dans le Liure de la Frequente Communion; que la condemnation qu'elle a obligé l'Archidiacre de Meline nommé à l'Eueschè de Ruremonde, de faire du Liure de Iansenius, intitulé*, Augustinus, *fait foy du iugement qu'il fait des dangereuses maximes & propositions erronées de ce Liure, condemnées desia par trois de ses predecesseurs, Pie V, Gregoire XIII. Vrbain VIII.*

Molto Ill^re^. è Reuerendiss. S. come Fratello, La Lettera di Mons. Vescouo di Vaurense, che V. S. ci mandò li mesi passati per la Sta di N. S. fù veduta volontieri, è con consolazione di S. B. per la pietà, zelo, e dottrina, che si troua nell' opera, che hà composta; ma per che quella contiene diuerse materie considerabili per Decreti, e Bolle, che altre volte sono vscite se sua esse, fù rimesso il negotio ad vna Congregazione; che vedesse e riferisse. E per che per molte altre occupazioni della detta Congreg. per ancora non si è hauuta la relazione, non si è dato risposta gli habbiamo mandata ancora questa copia, che hà inuiata V. S. con la sua lettera de 15. del passato, e se ne sollicitera la spedizione. Fratanto V. S. accerti Mons. Vescouo pred. che la la sua fatica è gradita da N Sig. e che egli scorgerà il paterno affetto di S. Beat. verso la di li persona in ogni occazione, che si porgerà. Saluto V. S. di cuore, e le prego ogni pienezza di felicità,

Di V. S.

Come Fratello affett^mo^,

Card. Pamphilio.

Roma 9. Octob. 1645.

A Mons. Nunzio in Francia.

Lettre de Monſeigneur l'Eminentiſſime Cardinal Panphilio, à Monſeigneur le Nonce en France, au ſuiet d'vne lettre enuoyée à ſa Sainteté par Monſieur l'Eueſque de l'Auaur, auec quelques ouurages compoſez par luy contre les nouuelles doctrines du temps.

MOn tres-Illuſtre & Reuerendiſſ. Confrere, la lettre de Monſieur l Eueſque de l'Auaur, que vous nous enuoyaſtes le mois paſſé pour noſtre S. Pere le Pape, a eſté veuë tres volontiers, & auec conſolation de ſa Sainctete, pour la pieté, le zele *& la doctrine qui ſe trouue dans l'ouurage qu'il a compoſé.* Mais d'autant qu'il contient diuerſes matieres de conſideration, A cauſe des Decrets & des Bulles qui ont eſté expdiees autresfois ſur le meſme ſubiect, cet affaire a eſté remis à vne Congregation, qui le doit voir & en faire rapport. Et d'autāt qu'à raiſon des diuerſes affaires qui ont occupé la Congregation, on n'en a peu encore faire le rapport, l'on n'a pas auſſi enuoyé la reſponce. Nous vous renuoyons auſſi ceſte copie que vous nous enuoyattes auec la lettre du 15. du paſſé, l'on en ſollicitera l'Expedition. Cependant vous pouuez aſſeurer Mondit ſieur l'Eueſque *que ſon trauail eſt fort agreé de ſa Sainctete*, & qu'elle luy teſmoignera l'affection particuliere qu'elle a pour ſa perſonne, en toutes les occaſions qui ſe preſenteront. Ie vous saluë de cœur & vous souhaitte vn comble de felicité. De Rome ce neufuiesme Octobre mil six cens quarante cinq.

Vostre affectionné comme Frere,
Le Cardinal Panphilio.

L'Original de ceste Lettre est entre les mains dudit sieur de l'Auaur, qui la fera voir à ceux qui ne s'en vouront pas rapporter au tesmoignage de quantité de personnes qualifiées & dignes de croyance qui l'ont veuë & leüe, mais en voudront estre asseurez par leurs propres yeux.

LOVIS PAR LA GRACE DE DIEV ROY DE FRANCE ET DE NAVARRE, A nos Amez & Feaux Conseillers les Gens tenans nos Cours des Parlemens, Maistres des Requestes ordinaires de nostre Hostel, Baillifs, Seneschaux, Preuosts, leurs Lieutenans, & tous autres de nos Iusticiers & Officiers qu'il appartiendra, Salut, Nostre tres-cher & bien amé le sieur Euesque de l'Auaur nous a fait remonstrer qu'il desireroit faire imprimer vne Lettre qu'on luy a faussement attribuee auoir escrite à sa Saincteté, auec *la veritable qu'il luy a enuoyee, & la responce tres-fauorable qu'il a receu d'elle.* Ensemble *Les Meditations pieuses, & entretiens spirituels pour seruir d'occupation d'esprit & de consolation aux malades qu'il a composees*, s'il nous plaisoit luy accorder nos Lettres sur ce necessaire. A CES CAVSES desirant traiter fauorablement ledit Exposant, Nous luy auons permis & permettons par ces presentes de faire imprimer, vendre & debiter lesdites Lettres & liures en tous les lieux de nostre obeïssance, par tel Imprimeur ou Libraire qu'il voudra choisir en vn ou plusieurs volumes, en telles marges, en tels caracteres, & autant de fois que bon luy semblera, durant l'espace de cinq ans entiers & accomplis, à compter du iour qu'ils seront acheuez d'imprimer pour la premiere fois, Et faisons tres-expresses deffences à toutes personnes de quelque qualité & condition quelles soient de l'imprimer, faire imprimer, vendre ny distribuer en aucun lieu de nostre obeïssance durant ledit temps, ny d'en distraire aucune chose, ny mesmes d'en emprunter le tiltre sans le consentement de l'exposant ou de ceux qui auront droit de luy, à peine de quinze cens liures d'amende payables par chacun des contreuenans, applicables vn tiers à nous, vn tiers à l'Hostel Dieu de Paris, & l'autre tiers à l'exposant, ou au Libraire qu'il aura choisi, de confiscation des exemplaires contrefaits, & de tous despens dommages & interests, A condition qu'il sera mis deux exemplaires desdits liures en nostre Bibliotheque publique, & vn en celle de nostre tres-cher & feal le sieur SEGVIER Cheualier Chancelier de France auant que de les exposer en vente, à peine de nullité des presentes. Du contenu desquelles Nous vous mandons que vous fassiez iouir plainement & paisiblement l'exposant & ceux qui auront droit de luy, sans souffrir qu'il leur soit fait ny donné aucun empeschement, Voulons aussi qu'en mettant au commencement ou à la fin desdits liures vn extraict des presentes, elles soient tenuës pour deuëment signifiées & que foy y soit adioustée, & aux coppies collationnées par l'vn de nos Amez & Feaux Conseillers Secretaires, comme à l'original. Mandons au premier nostre Huissier ou Sergent sur ce requis de faire pour l'execution des presentes tous exploits necessaires, sans demander autre permission. CAR tel est nostre plaisir, Nonobstant clameur de haro chartre Normande, & autres lettres à ce contraires. Donné à Paris le 7. iour de May, l'an de grace 1646. Et de nostre Regne le troisiesme.

Par le Roy en son Conseil, HABERT.

Ledit Seigneur Euesque a permis à Louis Boulanger, Marchand [illegible] à Paris, de iouyr paisiblement du Priuilege cy-dessus mentionné, [illegible] sion & transport qu'il luy en a fait, le 9. de May 1646.

Acheué d'imprimer le 20. de May 1646.

www.ingramcontent.com/pod-product-compliance
Lightning Source LLC
LaVergne TN
LVHW050434160826
845677LV00002BA/704

9782329673271